Alfredius Mercurii

Les Saisons de la Région Cordiale

Alfredius Mercurii

Les Saisons de la Région Cordiale

Recueil de poèmes

Éditions Muse

Cover image: www.ingimage.com

Publisher:
Éditions Muse
is a trademark of
Dodo Books Indian Ocean Ltd. and OmniScriptum S.R.L publishing group

120 High Road, East Finchley, London, N2 9ED, United Kingdom
Str. Armeneasca 28/1, office 1, Chisinau MD-2012, Republic of Moldova, Europe
Printed at: see last page
ISBN: 978-620-4-96567-3

LES SAISONS DE LA REGION CORDIALE
(recueil de poèmes)

2

LES SAISONS DE LA REGION CORDIALE

(recueil de poèmes)

Editions Muse

DEDICACE

Nous disons merci à toutes les personnes qui ont contribué pour la réalisation de cette plume et plus particulièrement

Aux couples BARAKA NARCISSE et SOLESPOR, PHILEMON NSHAMAMBA, DIEUMERCI, Johnson EMMANUEL BARUME, Maman Espérence NTAMURONYI, PAPA YARICKSON, Emmanuel MUKOLOKA, Sylvie NZIGIRE, BIRHAHEKA Savere, Moses CIKURU, Eloi NSHOKANO,

À MURHULA CEMONDO, Jolie CEMONDO, LWENJI DAMAS, Pierre IBUYE, NEPO Calibre, Mira MIREILLE, MURHABAZI MUSHAMALIRWA Franck, Rigobert BAHARANYI, Papa BAHATI MPALIRWA Philippe, Samy kanumba.

4

CONTRIBUTEURS

Germain ASHUZA POLEPOLE (APHUR) est un jeune de la République Démocratique du Congo, finaliste au baccalauréat en section pédagogique, né le premier septembre 2004 à Bukavu. De Belles Lettres, il en parle en homme passionné. il est l'un des jeunes apprenants dans l'atélier de slam et de poésie à COCORICO/PANZI.

Meshack BAHATI (Arial) est un jeune de la République Démocratique du Congo, finaliste au baccalauréat en section pédagogique, né le 03 novembre 2004 à Bukavu. De tout coeur, il est dévoué à tout ce qui est relatif à l'écriture. Il fait partie des jeunes apprenants dans l'atélier de slam et de poésie à COCORICO/PANZI.

Alfredius Mercurii est un jeune écrivain de la République Démocratique du Congo, ancien de l'Institut Supérieur Pédagogique de Bukavu, au département de Francais-Langues Africaines. Il est auteur de dix oeuvres parmi lesquelles nous pouvons citer:

- ✓ *La confession des revenants ou le chasseurs des esprits*
- ✓ *Procès sans jour*
- ✓ *Les trois beautés d'une femme*
- ✓ *Au confessional sans pretre*
- ✓ *Pacte de sang*

PREAMBULE

L'amour, encore l'amour! Il n'existe pas une école où on enseigne comment aimer. Il n'y a jamais eu un Prix Nobel de l'amour. L'amour est une des circonstances de la vie, on a toujours qui aimer et de qui être aimé, chaque jour on aime et chaque jour on est aimé. Les saisons de l'amour ou les couleurs de l'amour varient dépendamment des personnes qu'on croise sur sa route: les unes nous captivent et les autres nous démotivent. Celles-là, nous devons apprendre à les garder et celles-ci, nous devons apprendre à tirer une leçon d'elles dans cette si longue lutte dans la recherche de sa destinée.

Ce monde est vaste, ce monde est chargé de paysages peints aux multiples couleurs, c'est cette disposition à s'adapter qui importe, romantiser les choses en est une autre.

"L'amour, ainsi que le feu, ne peut subsister sans un movement continuel", disait Alfred de Vigny.

UN VIOLON AUX DOUX FREDONS

Les quatre murs n'avaient rien dévoilé
De cette rencontre qui nous a tous affolés,
L'enceinte était suffisamment animée
Par ces va-et-vient tout à fait rythmés.

J'étais le maître du violon,
Un violon libérant doux fredons
Rendant ainsi mon ouïe sensible
Jusqu'à me vêtir de la chair de poule.

Au chant de notre hymne,
Ton coeur battait au même rythme,
Il suffisait que je change de game
Pour que tu t'en enflammes.

Si je suis lauréat en frôle,
T'es lauréate gymnaste de mon école
Pour ça, tu es ceinte d'une digne auréole.
D'aucune raison, cela ne sera jugé babiole.

JE VEUX QUE TU SOIS MIEN

Quand je me couvre d'elle
Je m'envole sans ailes,
Pour elle, je ferai du zèle,
La digne démoiselle!

Non, pas une démoiselle, mais une dame.
Je serai bel et bien son Adam
Et elle, sera sans doute ma Eve
Pour qu'à un certain temps je ne grève.

D'elle, comme un ivrogne, je zigzague
Comme un bateau frappé par des vagues.
La voyant, son allure m'intrigue,
Parfois son amour me rend bien dingue.

A elle, je voudrai que je m'habitue,
Dans elle, je voudrai que je me situe,
Je voudrai jamais qu'elle me destitue.
Elle et moi, un, je veux que l'on constitue.

Même tombeau, je voudrai qu’on partage,
Dans même mer, je voudrai que l'on nage.
T'aimer, je le ferai avec courage,
Entre nous, y aura aucun barrage.

Avec elle, je voudrai grand faire,
Je ne le dirai aux grand-frères,
Que cela me soit mortifère.
Maudit, que je n'en légifère.

Ne t'inquiète, je serai toujours près de toi,
Ne t'embête, je serai prêt d'être ton roi,
Tiens donc ta promesse, que tu seras ma reine
Et mon coeur jouira d'une tendresse bien pleine.

FEMME SANS SAISON

Femme peinte de toutes couleurs,
Femme à la même saveur,
Femme sans saison,
Femme que j'aime pour toutes raisons:
C'est Elle,
Ma belle,
Ma seconde mère,
Dans ma ville, elle est maire.

Je ne saurais le justifier
Mais mon coeur peut le témoigner.
Femme qui sait plaire,
Femme qui sait parfaire.

Mon amour te sera inlassable,
Notre amour restera incomparable,
Cette complicité incontournable,
Toujours pareille et sans semblable!

T'aimer, c'est mon devoir,
T'appartenir, c'est un pouvoir.
Je t'aime à mourir!
Ensemble, on va finir...

TU MÉRITES

Peu importe ton être, tes défauts,
Je te trouve toujours meilleure,
t'aimer, il me le faut,
Mon coeur te classe la première.

Toutes les courbettes, tu mérites
Mon royaume cordial, pour que tu hérites.
Cette révérence sublime
Me fait penser à un nouveau programme.

Toi qui mon coeur admire,
Toi avec qui je savoure,
Le présent avec toi, je veux jouir
Oh! toi qui preserve mon sourire.

Tu occupes une bonne place
Comme un enfant dans la matrice,
Avec toi, je n'ai que de l'aisance,
Alors, donne-moi une seconde chance!

Ma vie n'est là que pour toi,
Mes pensées tournées vers toi,
Tu es ma religion, ma foi,
Ma vie est dépourvue de sens sans toi.

UNE PEUR FASCINANTE

Voici ce qui justifie ma peur:
Tu as volé mon coeur,
Tu as ceint mes sentiments
Et tu contrôles mon empressement.

J'ai vraiment peur,
Je te le jure, mon âme soeur:
Je n'ai plus de coeur pour une autre,
J'ai perdu de désir pour une autre.

Tu mérites mon entière confiance
Car tu es devenue mon sixième sens.
Perdu dans cette forêt dense,
Dans ton coeur, je vis amour d'errance.

Comme un poisson dans la mer,
Comme un enfant près de sa mère,
Comme, dans une ville, un maire,
Je suis gai, perdant tout goût amer.

Puisse cette rose demeurer jeune,
Puisse cet amour vivre sans gêne
Afin que nous partagions nos gènes
En respirant ce rajeunissant oxygène!

CETTE VIE, CET ÉCLAIR FUGITIF

Pendant que vous économisez,
Nous, il nous plaît de savourer.
Pendant que vous gênez,
Nous, il nous plaît de bouffer.

Cette vie est un moment éphémère,
On ne peut rien conserver.
Un moment, nous serons enlevés
Et ils nous oublieront, nos frères.

Quand vous, vous haïssez,
Nous, on passe tout notre temps à aimer.
Pendant que vous offensez,
Il nous plaît de consoler.

Cette vie, ce moment éphémère,
Il faut chasser les rides au visage,
Être en ordre avec son entourage
Et ils parleront de nous, nos frères.

Pendant que vous calomniez,
Nous, on entretient nos amitiés.
Pendant que vous refoulez,
Nous, on accueille des initiés.

Cette vie, ce moment éphémère,
Pour nous, entretenir les relations
Est devenu une vraie passion,
Ils sont notre image, nos frères.

Cette vie, ce moment éphémère,
Comptons surtout au présent,
Gardons un visage souriant,
En harmonie avec nos frères.

L'AMOUR, QUAND IL SIED

L'amour, quand il sied,
On marche à quatre pieds
Au gré de son partenaire
Afin de lui plaire.

L'amour, quand il sied,
Le sourire reste la coutume,
Le dialogue reste le costume.
L'amour nous tient quand il sied.

L'amour, quand il sied,
Le pardon est sans condition,
L'accord est un permanent billet
Et cela, accordé à toute action.

L'amour, quand il sied
Le bonheur est un contagion
Dans la famille: cette région.
Certes, l'amour nous tient quand il sied.

UNE FLEUR SANS SAISON

T'appartenir, il y a très longtemps,
Mourir près de toi, ça, j'attends!
Rien ne m'ébranlera pour cette campagne,
J'escaladerai des montagnes en montagnes.

Quand je reste bras croisées,
Cela reste ma dernière pensée.
J'y pense et surtout chaque nuit
Quand éloigné de tout bruit.

Ton amour me donne un coup de jeune,
Cette rose qui n'a point de saison,
Pareille à tout temps: c'est la raison.
Fleur captivante, ô fleur toujours jeune!

Tu es l'arbre sur lequel je niche,
Cet être sur qui repose ma ruche,
Ce pilier qui supporte ce pont,
Ma raison de redorer le blason!
Pour ne pas le dire,
Pour tous ces bénéfices
Que nous avons acquis de toi,
Nous devons t'applaudir.

Si vous en avez une,
Il faut la mettre à la une.

POURQUOI PAS MA FEMME

En ce mois de mars,
Nous irons à la planète Mars
Pour une surprise
Que je te réserve.

Je te ferai des détails
Sur ta nature sans pareille,
Femme digne de ce nom,
Je ne peux oublier ton prénom.

Femme, ma deuxième mère,
Dans ma ville, tu es maire.
De ces vers, tu restes destinataire,
Toi, mon unique partenaire.

La Cléopâtre de cette ère,
Belle à chaque heure.
Cette bière qui m'enivre
Ce vin qui me rend ivre.

Femme aux bonnes attitudes,
Je loue tes habitudes,
Me rendre heureux, ta coutume,
D'une grande valeur, tu me costumes.

Accueille mes souhaits,
C'est plus que de la monnaie,
Il est temps pour que tu en profites
Mais certes, femme, tu le mérites...

FEMME AUX 8 MARQUES OU FEMME DU 8 MARS?

Première marque:
Tu es d'une beauté
Sans démarque,
Femme d'une extrême jovialité!

Deuxième marque:
Tu es d'un comportement
Sans remarques,
Je le déclare hautement.

Troisième marque:
Tu es élégante.
Qui réplique?
Et les oiseaux constatent.

Quatrième marque:
Tu es d'un coeur aimable,
Une femme antique.
Comme c'est fort louable!

Cinquième marque:
Tu ne perds jamais espoir
Malgré ces sadiques.
Seule en toi, je peux croire!

Sixième marque:
Tu n'es pas caméléon
Par tes habitudes toujours statiques,
Je l'ai toujours jugé bon.

Septième marque:
Tu ne vis la mélancolie,
Tu ne tiens pas longtemps oblique,
Tu tolères bien ma folie.

Huitième marque:
Tu affiches endurance,
Pour ça, tu as ma confiance,
Ô femme aux huit marques!

FEMME, UNE SOURCE QUI NE TARIT

Jour de médiation,
Jour de réflexion,
Jour des salutations
Et jour des félicitations.

Je change de gamme
En l'honneur de la femme,
Je dédie ces vers qui riment
Ne réclamant moindre prime.

C'est un droit, je l'estime,
Et non une faveur, je confirme.
Créature qui nous lime,
Pour ça, nous lui devons une dîme
Mais pas une dîme saladine.

Femme, machine multitouches
Qui, en morceaux, s'entrecoupe
Pour la survie des générations
Et cela garantit les nations!

De ces neuf mois de grossesse,
Chacun s'est trouvé une adresse.
Femme, toujours tatouée de tendresse.
Tes manières justifient ta sagesse.

Qu'on te haïsse
Vaut qu'on se confesse
De peur que cette source
Ne tarisse!

Pour ton sacrifice,
Faut-il être ingrat?

Mais pas seulement en ce mois de Mars,
Il faut que ces traces
Se remarquent sans époque,
Sans délai. Car femme reste femme
Dans toutes les circonstances
Et à toutes les instances.

LES ÉPINES EMBELLISSANT UNE ROSE

En imitant le grand Pâris de Troie,
Je suspendrai ma flèche sur ton tendon
Et cela, je le ferai plus d'une fois.
Au nom de l'amour, point de pardon!

Point, j'userai des phatèmes
Pour bien t'inculquer ce thème,
C'est tout à fait une réalité
Qui dépend de notre volonté.

Pour cette vilaine aversion,
Je vais trouver une nouvelle version
Pour que tout soit raturé
Et que cette histoire soit oubliée.

Ce sont ces épines
Qui embellissent cette rose:
Quand tu me chagrines,
Je construis des poèmes en prose.
Et avec ces mots,
J'essaie de panser mes maux.

J'ai décidé de t'aimer,
J'ai juré de tout supporter
Pour qu'à jamais, je te garde,
Que dans l'au-delà, on embrigade.

UN COEUR CONQUIS ET ENVAHI

Je m'attendais à un fait accompli
Quoique je ne l'avais pas entrepris.
Très étrange pour un soumis,
Ordinaire pour un simple apprenti.

À mourir, vraiment je t'aime,
Pour la vie, seule toi, j'aime,
C'est pour toi que je fais ce poème
Cela t'épargnera le bohème.

Tu remplis toute ma vie,
Tu satisfais à mes envies,
Tu le fais sans préavis,
Et alors, quel est ton avis?

Loin de toi, je ne saurai œuvrer,
Sans toi, je ne peux vraiment durer,
A ma faim, tu tu te transformes en denrée
C'est pourquoi notre amour reste doré.

SUR CE RIVAGE

S'étendant près de ce rivage,
Près de cette eau claire sans écumes,
Ce doux vent balayant mes oreilles
De l'autre côté, les cris de moineaux sauvages.

Tes cheveux-sirène
S'étendant sur mes fémurs,
Tes orbites dans les miens
Sans un moindre clignotement.

Pendant ce beau moment,
J'ai profité pour contempler
Cette si belle créature,
Cette oeuvre unique en son genre.

De ma main, j'avais fini
Par raser ce si attirant thorax
Jusqu'à compter, de mes doigts,
Sans en sauter une, toutes tes côtes.

Et comme tu essayais de feindre,
J'ai bien fini, de la même main,
Par apprécier ton tronc
Jusqu'à atteindre ton bassin...

Certes, Dieu avait vraiment raison
Du fait qu'il se félicita
De son oeuvre créatrice
Dont tu tiens les premiers rangs.

NE ME TROMPE PAS

Ne me trompe pas que tu m'aimes
Pour que tu me profites,
Ne me trompe pas que je suis le seul,
Pour que tu m'ensorcèles.

Ne me trompe pas que tu seras à mes côtés
Pour que, de toi, je devienne un fou,
Ne me trompe pas que tu me feras respecter
Pour que, mon avenir, tu le rendes flou.

Ne me trompe pas que je serai
Le père de tes enfants
Pour que, pour toi, j'ouvre ma poche,
Ne me trompe pas, pour qu'en fin
Je te cherche avec une torche.

Ne me trompe pas,
J'aimerai marcher à tes pas,
J'aimerai etre à tes pieds
Pour qu'avec toi toutes choses siéent.

Ne me trompe pas
Car tout se paie ici bas.
Je t'aime malgré toi
Et je ne pense qu'à toi.

JE SUIS À TOI

Ecoute bien ces mots que je te dédie,
Car c'est avec tout honneur que je te les dis.
Je t'aime à l'agonie, crois-moi!
Je te donne ma vie, prends-moi.

Quand je suis avec toi,
Tous mes problèmes trouvent solution
Comme tout charpentier sur le toit,
Dans lui, la peur trouve disparition.

Si aimer est une punition,
C'est en toi que j'accomplirais ma mission.
Déjà, je me dis réaliser mes envies,
Alors viens, viens, je taccueille dans ma vie.

Disons merci au créateur Dieu
Pour ce don très précieux,
Ce n'est pas qu'en amour je suis pro[1], mais
Le vrai amour, je te le promets.

Tu fis, qu'en amour, je cesse dêtre bohème,
C'est pourquoi je te ferai des poèmes
Car tu restes bien gravée dans mon âme
Comme les affamés le font à la P.A.M[2].

JE RÊVE ÊTRE UN ROI SANS SUCCESSEUR

T'es cette lumière scintillant mon chemin
Faisant que je ne traine pas dans le ravin.
Tu m'es comme une ange venant du Ciel,
À tes côtés, je suis le prince célèbre
De ce royaume où coulent du lait et du miel.

Seule ta voix me fortifie,
Seul ton amour me suffit,
Pour toi, les mots, je multiplie,
Ta splendeur, partout, je publie.

Je suis un être cher à tes côtés
Tel un pape et la papauté,
Tel un roi ceint de sa couronne.
À jamais, je te tiendrai pour ma daronne.

Je suis bien muni pour accomplir ce devoir,
Sans délai, j'aimerai bien t'avoir
Car te perdre est un cauchemard,
T'avoir pour toujours, j'en ferai un art.

---

[1] Professionnelle

[2] Programme alimentaire mondial

Je ne veux personne pour me succéder
Car cette baguette, je ne peux la céder.
Toi et moi ferons une grande nation,
Pour régner de générations en générations

UN SOUHAIT, PAS COMME LES AUTRES

A toi ma reine, à toi ma patronne,
Tu es mienne, ma mignonne,
C'est juste un souhait séduisant
Qui est charnel, et non amusant.

Reine, je te souhaite que du bonheur,
A Dieu de te protéger de tout malheur,
Que tu passes tes moments dans son honneur,
Chez toi tout comme ailleurs.

Que tu exhales comme une rose
En des moments gais que moroses,
Pour toi, ma reine, je fais ce slam
Car t'es l'unique à calmer mes larmes.

Passe toutes les années dans l'allégresse,
Sourire et vivre comme une princesse.
Cela fera qu'altier, je me porte,
Mon coeur, pour qu'on ne le carotte.

Cette confiance, cet éclairage,
Pour éclairer ton passage.
Demeure jeune pour tout âge
Et pour tout âge, demeure sage.

DE L'AURORE AU CREPUSCULE

Dans tes yeux, je vois mon sourire,
Je veux juste un temps avec toi.
Pour cette seconde chance, je veux te revoir
Sourire encore près de moi.

Quand le soleil apparaît,
Je me mets à regarder l'aurore,
Il me rappelle de ta beauté qui brille,
Et ce sourire qui anime mon corps.

Le soleil s'en va, la lune apparaît,
Je me mets à observer le Ciel
Et à compter les étoiles.
Chaque étoile me rappelle un mot
Que tu me disais lors de notre rancard.

Quand le vent passe, je respire ta douceur
Et quand un coup de foudre bat dans mon coeur,
Ça me rappelle de ton amour
Et fait que je reste attaché,
Ça m'inspire de nouveau,
Ça me dit de ne pas te lâcher.

La dernière fois que j'avais entendu ta voix,
Tout mon être était circuité.
Quand je te regarde, mes sens répondent,
C'est sûr, dans ton coeur, je prends un élan.

LA BEAUTÉ QUI EMBAUME MON ROYAUME

Remplace mon prenom par ton nom
Et tu verras qu'ensemble, on fera un renom.
Même si les gens veulent
Que nous soyons antonymes,
Yahvé a déjà affirmé
Que toi et moi sommes synonymes.

Revivre ou grandir dans tes mains
Est tout ce que je prie pour ma vie de demain.
Pour ta joie, je m'apprendrai à tout obéir.
Ouais, c'est en tenant ta main
Que j'ai appris à bondir.

Nonobstant un long parcours,
La clé nous est réservée.
Mais cet amour n'est pas une corvée,
Ouvre grand ton coeur, j'y vivrai pour toujours,
Ne t'inquiète pas, nous formons déjà un:
Eve a été faite pour Adam.

La nuit, j'apporterai un fagot des ramilles
Pour bien attiser ce feu.
Autour de lui, observant le ciel,
Ta tête sur mes deux fémurs.

Tu es la réponse à mes questions,
Tu es la source de mon inspiration,
La raison de mon existence
Et source de ma jouissance.

Parfois, j'envisage t'appeler sirène
Mais j'aimerai que tu sois seulement reine
Pour gouverner, à mes côtés, notre royaume,
Que de ta beauté, tu l'embaumes.

LA FEMME, MON HOME!

Quoiqu'on dise, tout homme
Reconnaît la femme comme home,
Celle qui fabrique les bonheurs,
Celle qui fabrique les honneurs.

La femme, cette joie de l'homme,
La femme, cette magique pomme,
La femme, cette personne pleine de grâce,
La femme, cette meilleure consolatrice.

Un monde sans femme,
C'est une mer sans poisson,
Elle a besoin qu'on lui donne raison,
L'être que, par indulgence, nul ne blâme.

Nos mères différentes des filles:
Celles-ci cherchent les feuilles,
Donc tu es un gars avec feuilles,
Sur toi, les filles veillent.

Cette nouvelle génération sans âme
Caricature l'image de la femme
Mais il faudra mettre tout en œuvre
Pour redorer cette décence.

MON COEUR TE VEUT À TOUT PRIX

Viens dans mon Coeur,
Là où tu vivras toutes les heures,
Viens essuyer, sur mes yeux, ces larmes
Qui ne cessent de couler quand je te réclame.

Alors viens, viens dans ma vie,
Viens t'abriter dans ce nid
Dans lequel tu vivras toutes les années,
Sans que tu ne sois gênée.

Viens dans cette capitale,
Viens, avec moi, faire ce parcours vital,
Viens rendre ma vie digne,
Viens, qu'on tire ensemble cette vigne.

Viens démasquer ce que je suis,
Viens, et que mes larmes, tu essuies
Viens, pour que je t'aime pour toujours,
Viens, ensemble qu'on fasse un tour.

Je t'admire bien, la Courtoise!
Ce n'est pas un hasard que je te croise,
Viens avec moi dans ce monde
Où tu es importante chaque seconde.
Alors, viens dans mon coeur,
Viens, épargne-moi des rancoeurs.

REVIENS

Tu me manques, déjà, je le ressens,
Ton absence gène trop mon coeur.
Je veux que tu reviennes juste un temps,
Pour que notre couple reprenne sa splendeur.

Seul ton câlin me remettait à la normale,
Ma belle, comme ça me fait trop mal.
Je me souviens bien de ce temps d'ensemble,
Quand les gens disaient qu'on se ressemble.

Je reste esclave de tes photos,
Devant cette beauté splendide.
Et en révisant tes textos,
Je me retrouve dans l'ancien mood.

Ma belle, tu dois revenir
Pour t'octroyer le reste de mon avenir,
Ressentir cette bonne odeur:
J'y travaille de belle ardeur.

Façon dont ton absence agite mon coeur
Comme le coup de foudre. Quelle terreur!
Façon dont je te tiens pour réconfort,
Je n'ai donc qu'à t'aimer encore plus fort.

Ma belle, ma jurée amie,
Si tu as encore envie
De revivre dans mon monde,
Reviens donc pour une seconde.
Ma vie te veut, mon coeur t'accueille,
Quand même mes sens te cueillent
Et si t'en doutes, viens dans ma chambre,
Le compte, les murs vont t'en rendre.

Combien ton nom est resté ma salive
Que je ne cesse d'en faire des gorgées
Toutes les fois que ça arrive.
Combien je t'aime jusqu'à mon dernier soupir,
Combien je te garde malgré les moments pires.

Je t'aime en vrai,
Je t'aime reviens!

EN FIN J'AI DIT

Je n'ai pas voulu te dire
Que tu as fait de moi ton vassale,
Je n'ai pas voulu te dire
Que je ne serai emporté par ce vent sale.
Je n'ai pas voulu te dire
Que ta voix suffit pour ma berceuse,
Je n'ai pas voulu te dire
Que ta voie me conduit au-delà du dôme.

Je n'ai pas voulu dire
Que derrière tes pas,
Il y avait des épines qui s'y posaient.
Je n'ai pas voulu te dire
Que celles-là ne m'ont détruit, même pas,
En toi, cette foi, j'ai posé.

Laisse-moi jouir de ces beaux moments,
Laisse-moi fuir ce mauvais vent.
Laisse-moi te dire à haute voix
Que je reste présent à tout vent violent,
Laisse-moi te regarder en loup
Pour confesser ta beauté, unique en son genre.

Je ne veux pas te dire
Que je t'aime au pluriel,
Comprends que j'ai hâte
De t'avoir aujourd'hui plus qu'hier.
Je ne veux pas te dire
Que je t'aime en majuscule,
Tes manières sont des tentacules.

Tu as su me contenir,
Une seule chose à retenir
Est que toutes les fois que j'aurai froid,
Sois là pour me couvrir en draps solaitaires,
Quand j'aurai besoin de déguster cette proie,
Sois souple et sers-moi un répas salutaire.

NE TRAÎNE PLUS

Vers les années passées j'étais dans l'ombre,
Avec le temps, je m'approche de la pénombre.
Certes, j'ai vite croisé une jolie créature,
Nul ne l'égale, car toute autre est sa nature.
Et voilà que les jours avancent en douceur,
Je pense avoir retrouvé mon âme soeur.

Avant que tu ne viennes dans ma vie,
Ne plus sourire demeurait ma devise.
Grâce à ton amour, j'ai repris mes envies.
Ta joie sublime est tout ce que je vise.

Je ferai de toi ma source d'inspiration,
Je ferai de toi ma préférence,
Je ferai de toi la plus belle de cette nation,
Je ferai de toi un cadeau, ma référence.

Je ferai de ta poitrine mon agenda
Dans lequel je décrirai mes sentiments,
Je ferai de ta bouche mon nganda[3]
Où je mouillerai ma gorge en bon climat.

Peu importe tes défauts,
Je te trouve meilleure.
Tout le temps à tes côtés,
Rien d'autre que t'aimer.
Immense est ta gentillesse,
Calme est ton état
Et Impeccable est ta beauté,

Alors viens, viens et demeure dans mon coeur,
Viens et nettoie dans moi cette grande rancoeur.
Viens et profite de cet amour.
Certes, tu es bien habitué à cet humour.

TOUT SEUL

Depuis que tu es partie,
Des nuits, je ne fais que des cochemards.
Dans le monde des déçus, je fais partie,
Cases de blessures, chagrins, j'en cauche marre.

Je veux que tu reviennes à moi,
Je veux que tu demeures dans moi.
J'accepte de tout faire pour ta joie,
J'accepte de rester ta proie.

Sur tes blessures, je ferai le pansement,
J'écrirai pour toi de roses compliments.
Dans l'ombre, tu feras de moi ta lumière,
Et dans les mille, je ferai de toi la première.

Tu as kidnappé mon coeur,
Tu es l'unique qui me feras rançon.
Tu es la seule à une sublime douceur,
Desormais, t'aimer demeure ma chanson.

---

[3] Un débit de boisson au Congo-Kinshasa

Ramène-moi dans ton monde,
Je veux que tu m'y emballes.
Je vais que nous restions en ronde,
Pour que personne ne nous désemballe.

NOTRE RENCONTRE

C'était au bord d'une rivière,
Qu'elle s'accomplit ma prière.
Il y avait des arbres ça et là,
À mes côtés, la jolie Emmanuella.

Nous nous regardâmes droit dans les yeux,
De doux cris d'oiseaux dans les cieux:
Louange à l'occasion de notre rencontre,
Ce fut l'ère de la nouvelle Cléopatre.

Les nuages cherchent à se concerter
Pour que pleuvoir ne puisse avorter
Cette pluie de bénédiction, de joie,
Bien sûr, avant la bouffe de la proie.

Du coup, une pluie au rythme slow,
À la mélodie filtrée, à la voix-soprano.
Mes lèvres collées contre les siennes,
Tel un roi muni de sa chère couronne!

Les oiseaux harmonisèrent dans la voix tenor
Des guitares partout, pour une bonne donne.
Faible, dans mes bras, elle dort
Je vous laisse faire la somme...

JE REVIENS

Bien sûr que je ne mérite pas ta main,
Mais je te prie de tout pardonner.
Mea culpa[4], on est tous humain,
Essaie de tout oublier.

---

[4] C'est de ma faute, je demande pardon

Ailleurs, je n'ai rien trouvé,
Te revernir suffit pour le prouver.
Ailleurs, je n'ai pas su supporter,
Cette bataille, je ne l'ai pas remportée.

Seulement avec toi, je me retrouve mieux,
Mon sourire, je le trouve que dans tes yeux,
Je jure devant toi et devant Dieu
Et cette fois, je suis tout sérieux.

Je ferai tout pour ne plus te délaisser,
Je vais t'aimer et jamais te blesser.
Ce n'est pas impossible, je vais essayer,
Et ces sales habitudes, les nettoyer.

Je suis bleu de toi, on va tout recommencer,
Ces plaies, nous allons les panser,
Oublions toutes ces horreurs
Et revivons cette vie d'honneur.

Dans ton monde amoureux j'ai accédé
Afin de céder à ces deux CD.
Cette fin fait face à ce fait fait par bienfait.
De ce fait, l'effet que tu fasses face à Facée,
Tu effaceras la farce d'un amour forcé.

Cest là que tu comprendras que
Satan s'attend à ce temps
Qui tend vers ta fin
Afin de vouloir faire du fer,
En faire l'affaire dans l'enfers
Et vouloir refaire mon coeur en fer
Et en faire du bois.

DU TIC AU TAC

Je mets la musique en pause,
Je prends mon stylo de couleur rose
Pour t'écrire un poème en prose
En fin de raturer cette ère morose.

Cette plume est une arme
Contre tout envahisseur cordial,
Cette plume chantée est un hymne
Qui fait de ton coeur une nation spéciale.

Si l'amour était l'au-delà,
C'est chez toi que je prendrais mon dernier élan.
Et si l'amour était égocentrique,
Je me comporterais en moufflet
Pour te conquérir
Et pour t'appartenir.

Que tu deviennes ma complice, je veux,
Pour que nous brillions mieux à deux.
T'appartenir était mon dernier voeu,
Tu es un cadeau venant des dieux.

Grâce à toi, j'ai découvert le vrai amour,
Pour ta joie, j'ai appris de l'humour
Tu as asfalté le chemin de mon sourire
En délabrant celui des "ouï dire".

Sans flatterie, quand je te vois,
Mon coeur fait boom, boom.
Dans mon coeur, ton amour se zoome.
C'est en ces mots que je confesse ma foi.

Façon ça fait tic, tu m'aimes,
Façon ça fait tac, je t'aime,
Façon ça va du tic au tac, on s'aime.
Dans nos coeurs, que cette humeur parsème.

TOMATE AUX UNS, PIMENT AUX AUTRES

En vrai, c'est le temps qui donne toujours raison,
Par des oeuvres, nous exprimons nos visions,
Avec de l'argent, nous bâtissons des maisons,
Mais l'amour fait que, les coeurs, nous brisons.

L'amour est cajolant
L'amour est poignardant:
Si tu veux être heureux, vis en amour
Et si tu veux être stressé, fait-là un tour.

L'amour, les uns en souffrent
Et les autres en profitent,
Quand les autres claquent la porte,
Les autres s'y engouffrent.

L'amour, du temps, il nous prend
Et puis, distraits, il nous rend.
Parfois, plus tard, on se retrouve,
Et de cette honte, on se couvre.

De fois, on s'en rend arrogant
Pour multiplier des dégâts,
L'amour nous épuise
Quand on se demène corps et âme.

J'AI DU MAL À OUBLIER

J'ai du mal à oublier ton visage
Qui me reflétait de l'éclairage,
J'ai du mal à t'oublier
Mais la nature n'est pas à supplier.

Aujourd'hui tu me blâmes,
Pour ça, moi j'acclame.
De ton départ, je ne suis content,
Je dis juste merci d'avoir libéré mon temps.

Je ne regrette pas de t'avoir croisée
Malgré ce coeur que tu as laissé brisé,
Laisse-moi donc regretter
De mes souliers que, pour toi, j'avais usés.

Je t'ai trop aimée,
Et en toi, mon avenir, je pensais semer.
En fin, dans ma barbe, tu as voulu que tu montes,
Aujourd'hui, solennellement, j'assume cette honte.
Sens-toi libre de te retirer,
Car de toi, j'ai déjà ma part tirée.

Pour moi, si t'aimer était une punition,
Etre damné à jamais serait ma mission.
Aujourd'hui, tu occasionnes cette blâme
En te comportant en une dame sans âme.

Je nai aucune raison de t'amadouer,
Nul acte luciférien ne mérite d'être loué.
Merci pour cette distraction d'ensemble:
Certes, tout s'assemble mais tout ne se ressemble.

LA DÉCEPTION AMOUREUSE

La déception amoureuse,
Est une chose douloureuse,
Parfois, je m'en rends ivre,
Et mes yeux, elle ouvre.

Quand on pénètre dans l'amour,
On se croit être au paradis,
Mais, je tiens fort à ce que tout parent dis
Quoique cela se fasse avec humour.

En vrai, elles surprennent, les femmes,
Presque pareil qu'au jeu de dame,
C'est cette sublime élégance
Qui corrompt toute intelligence.

Parfois ça blesse,
Parfois ça stresse:
Tantôt au moulin, tantôt au four.
Je préfère cesser avec ces tours!

Dorenavant, je ne pense qu'à mon avenir
Une des leçons que j'ai su retenir:
Tellement que les hommes ne sont pas purs,
Vie d'ensemble suppose des coeurs durs.

Je ne sais plus t'appeler amie,
Mais, de toi, j'ai beaucoup appris,
Non plus, je ne sais t'appeler ennemie
Car pour tout, il faut dire merci.

ELLE L'EST

Elle est un miroir
Qui m'éclaire même dans le noir.
Je l'aimerai pour tout âge:
C'est mon adage.

Elle est un moustique
Qui me pique
Tout le temps d'une bonne musique
Emanant d'une guitare magique,
En elle seule, je garde ma vie de demain,
L'aimer, je tiens avec deux mains.

Elle est mon restaurant
Où même si je me gave,
Je ne laisse jamais le reste au rat.
À ce niveau, je me déclare brave.

Sa présence, pour moi, est une lumière,
En son absence, je me trouve au désert
Où tout ou rien ne se pratique
Et pas même vie de moustique.

Pour elle, je me donne corps et âme,
À ses ennemis, je me munis d'une arme
Car vivre sans elle,
C'est vivre comme un oiseau sans ailes.

JE PLEURE

Sur mon visage, tu as craché,
Tu l'as fait et ça m'a blessé.
Je fais de mon mieux pour te laisser,
Mais je me retrouve toujours attaché.

J'aimerais passer une nuit éternelle
Pour ne plus revivre ce chagrin.
À l'aurore, je maigris tous les matins
Lors de ses manifestations solennelles.

Je souffre de tous maux
Quand je pense revenir à zéro.
Dans cette aventure, je me suis plongé,
Chose qui m'a toujours rongé.

Tous les jours, je plains mon cœur
Fané comme une fleur sans odeur.
Ma conscience corrompue
Pour ces liens rompus.

Je n'ai pas cru à ton depart,
Je n'y avais pas encore tiré part,
En prison est ta conscience,
Que tu aies abusé de cette confiance.

MA NUIT SANS ELLE

Ma nuit a été si longue,
Seul dans ce chagrin, je me plonge.
Enfin, ça reste une mémoire
Dont sa demeure, c'est dans le tiroir.

Je tourne les rétroviseurs de mon coeur,
Même de mon être, je doute,
Ce qui me fait souvent peur
Jusqu'à ce que mon sommeil se déroute.

Je n'ai pas cru que ça finira ainsi,
Je suis épuisé de blessures, je me retire.
Tantôt déterminé, tantôt indécis,
Et voilà que plus rien ne m'attire.

Ceci, je t'écris avec l'encre de mon sang,
Mon coeur saigne de cet acte troublant.
Qui de nous pour se réclamer innocent?
Voici encore ce qui est de plus si choquant!

Eh bien, nos chemins, qu'on les partage,
Des nos numéros, appliquons le blocage.
Des nos photos, une simple suppression,
Que cette relation subisse une ablation.

Je ne trouve pas rigolo
Que chacun se gère en solo
Et comme de toi, je n'ai rien d'empreinte,
Je ne te porterai aucune plainte.

C'est juste un "on se reverra" ou même pas,
Dans ce grand voyage, je multiplie les pas
Dans cette voie où rien réverbère
Pour finir dans le camp des vipères.

À CHACUN SON TOUR

Esclave de cette rose,
J'ai oublié qu'elle avait des épines.
À ses caprices, ma bouche close
Et voilà la raison pour que tout décline.

De peau appétissante mais voilée,
D'un liquide sucré qui m'a aveuglé.
D'un look bien et conscienceux,
Qui m'intimide en mode silencieux.

Une fois que je m'approche de sa tige,
De l'autre côté, on signale que ça bouge
Jusqu'à perdre le sens du contrôle,
C'est à mon coeur de manier la bousole.

Je reste serein, je patiente ma cueillette,
Ma queue souple, faut qu'elle guette
Ma hanche reste bien sécurisée,
Pour bien la coller malgré ma ceinture usée.

Déjà ceuillie, je dois partir,
Certes, à chacun son tour.
Ainsi, on devrait finir
Ce pénible et long parcours.

Un nouveau client pourra arriver
Pour découvrir cette vie privée.
Une fois chanceux, on lui ouvrira la porte
Pour pénétrer ce royaume sans cohorte.

J'AI MAL

J'ai du mal à oublier le lac
Où mon bateau navigue du tic au tac,
J'ai du mal à oublier cet arbre
Où j'observe ce coeur en marbre.

Ça fait très mal quand le temps passe!
Trop jaloux, il ne veut pas que je me réjouisse.
Cette course du temps m'angoisse,
Ce qui fait que je ressasse.

Il choure ma joie pour renverser mon bonheur,
Il est trop lent quand on traverse le malheur.
J'ai du mal à oublier ces adieux
Qui rendent mon coeur anxieux.

J'ai du mal à oublier ce chemin
Où je ramasse des épines aux pieds,
Jai du mal à oublier ce matin
Quand sur mes pieds, tu t'asseyais.

J'aimerai être les larmes,
Sur tes yeux pour couler.
J'ai du mal à oublier tes cris d'alarme
Quand tu me suppliais de t'épauler.

J'ai du mal à oublier cette rivière
Qui ne cesse de désaltérer ma soif,
J'ai du mal à oulier cette prière
Qui, chaque jour, me coiffe.

A toi je dédie ces beaux mots du monde
Pour ton amour qui m'inonde
Toutes les heures, minutes et sécondes,
Avec toi cette ère sera bien féconde.

Quand j'écris ton nom au bord du lac,
L'ouragan passe et l'efface.
Quand j'écris ton nom sur les vitres,
La pluie tombe et l'efface.
Quand mes yeux visualisent ton nom,
Ceux-ci sont saturés de larmes
Pour ne voir que du flou.

Alors, je l'injecte dans mon sang
Pour que tu sois une partie de moi,
Que tu occupes le premier rang
Pour que nous vivions comme des siamois.

COMME TU VEUX

L'amour que j'ai pour toi,
Personne ne peut l'imaginer.
Et le lourd fardeau que je porte pour toi,
Personne ne peut le supporter.

J'ai essayé de tout faire pour te ramener,
Mais j'ai trouvé que tu étais vide de coeur.
Je me suis réarmé pour te gagner,
Mais j'ai trouvé que tu fais partie
De la race pure des "maimai"[5]

J'ai sélectionné tes chansons préférées
Pour me servir de hameçon
Pour tenter si je peux repêcher
Quelques de tes plaisirs charnels.
Les souvenirs du passé, tu as supprimé,
Ton cœur et ta cervelle sont faits sans corbeille.

Mais le fait que je traine
Prouve déjà que je t'aime,
Tu m'as logé dans un bocal,
Pour bien corrompre mon oral.

Tu as fait de mon coeur une poubelle
Où tu jettes tes paroles moroses
Dans le simple plaisir de me vexer.
Mais malgré diverses pourritures,
Tu y as laissé une jeune rose
Qui ne cesse de germer
Dans le fin fond de mon coeur.

---

[5] Une armée locale à l'Est de la République Démocratique du Congo presque invicible suite à des pratiques rituels purement magiques, une balle traverse difficilement ou pas le corps d'un maimai [mayi mayi]

Tu as fait de mon coeur
Non plus une âme sœur
Mais un pneu de réserve,
Malgré cela, je me donne la bravoure
Et, quotidiennement, pour le pomper.
Je veux que mon bon Dieu me préserve
Pour qu'un jour je ne sois plus trompé.

Tu as pris mon coeur en otage,
Tu n'as même pas pitié de ce que je porte
Pour toi comme bagage.
J'avais supporté tes faiblesses
Comme tout parent
À l'égard de son enfant.

Vas-y comprendre que tout se paye
À un prix bien avisé,
Comprends que faire de toi une femme
Est tout ce que je visais.
Enfin, tu t'es décidée de partir
Croyant que je ne faisais que te mentir.

Certains me jugeront crétin
Pour avoir oublié la Saint Valentin.
Comme mes envies me surveillent,
Je suis condamné à passer des nuits de veille.

QUI CHERCHE, TROUVE

C'est ainsi qu'on change de livre,
Après avoir tourné tant de pages.
Pour la vie, on s'adapte,
Des occasions, qu'on ne les rate.

L'amour est parfois injuste,
On subit parfois ce qu'on ne mérite.
Aux fidèles, une suite triste
Pour que les flatteurs en profitent.

On prouve son amour,
On sacrifie son temps,
On bosse dur sur son humour
Pour que son sourire dure longtemps.
Du coup, une vision: un "réveillez-vous".
Les yeux bien ouverts, que voyez-vous?

Elle quitte le sommeil
Pour une vie de réveil,
Certes c'est pour quelqu'un qu'elle veille.
Oubliant tout ce que l'on faisait pour elle
En le traitant d'un lieu public, une poubelle.

Pour soutenir donc l'adage
"Qui cherche trouve"
Et "qui trouve supporte".
Si un coeur s'ouvre
Et agit de la sorte
C'est que dorénavant il parle en sage.

C'est alors au marquoir d'indiquer les nombres,
C'est alors au chef de choisir ses membres.
C'est aux yeux de rester ouverts,
Et élire de qui ce coeur sera couvert.

POMME ET ORANGE

Soyez des pommes et non des oranges,
Soyez rares comme les anges.
On dit " tout ce qui est cher est rare",
Soyez donc rares, pas comme les motards.

C'est au fond des forêts qu'on trouve une pomme,
Mais c'est partout qu'on trouve une orange.
Elles sont bien nombreuses, les femmes
Mais rare celle digne de soi qui s'arrange.

Chez moi, on importe le pommes
Pour exporter les oranges,
L'orangier perd ainsi son respect
Et le pommier prend un nouvel aspect.

À mes soeurs, je m'adresse,
Celles qui se font super et se délaissent,
Celles qui ignorent leur importance,
Et qui se font des portes d'aisance,
Plus tard, elles deviennent lieu d'aisance
Pour accueillir tous ces étourdis en errance.

En elles, nous espérons la postérité,
Si elles tiennent compte
De leurs responsabilités.
Et au lieu de la honte,
En elles, nous espérons la fierté,
En elles, nous espérons la liberté.

CES PUTAINS D'ABEILLES

Je trouve des abeilles
Et qui veulent que je retourne.
Elles m'effrayent en voulant me piquer,
Que je rentre sans même toquer.

De moi, elles s'approchent
En bourdonnant dans mes oreilles,
Elles ne veulent pas que je veille.
Elles m'embêtent, elles me dérangent,
Elles me troublent, elles me démangent.

Rentrer sans m'y approcher
Est une lâcheté à part entière.
Si elles sont faites pour me pourchasser,
Je suis fait pour goûter de cette matière.

Je veille les nuits et toutes les journées,
Chanter derrière la ruche et y tourner
Attendant leur départ
Pour que j'y retire aussi ma part.

Les unes y circulent en ronde,
Elles bourdonnent, elles sont tout un monde.
Ma patience ne dépassera pas les bornes
Car c'est la fin qui couronne.

Je veux y rester malgré leur lutte,
Je veux apporter des bois et une allumette
Pour les déranger et les perturber
Afin qu'elles abandonnent pour tout m'exiber.

JE N'EN PEUX PLUS

Avant que rien ne soit produit,
J'avais déjà tout prédit.
Quoique cela puisse t'afoler,
Donne-moi de l'espace pour survoler.

Chaque seconde qui passe est dite passée,
Ce temps était suffisant pour t'effacer.
Je ne pénètre plus dans ce labo,
Je ne veux plus de collabo.

Ton temps, je ne veux plus le perdre,
Car, d'elle, je veux me oindre.
Autant je veux sacrifier mon dernier zèle
En volatant paisiblement sur ses ailles.

Cette ancienne beauté est usée,
Et ses piliers sont enfin brisés.
Qu'il nous pardonne cet Eternel Dieu,
Lui qui a permis ses doux adieux.

Pour ne pas te larguer,
Engage ta route et pars
Si non, tu comprendras avec retard.
"Je ne suis plus ton homme" reste ma devise,
Si t'en doutes, viens pour que, tout, on divise.

Malgré tout, tu restes belle
Avec ce regard nié tel d'une gazelle,
Tu vas trouver un autre
Et pour toi, cet autre sera ton hôte.

Adieux, et merci pour ce temps d'ensemble,
À deux, à jamais, qu'on ne se rassemble.
Toi et lui, le meilleur couple du monde,
Moi et toi, cette nausée qui m'inonde.

Oh! La courtoise,
J'aurevoirise,
Et sans ironie,
Je dis merci.
J'habite un nouveau nid
Avec elle, ma nouvelle vie.

Une fille qui se croit belle,
Est comme un avocat d'échantillon.
Que tout le monde goûte,
Mais que personne n'achete.

MA BOUCHE PLEINE D'EAU

Qu'est-ce que je ne t'ai pas donné?
Qu'est-ce que je ne t'ai pas dit?
Où est-ce qu'on n'a pas fait avec toi?
Imagine combien je t'ai pardonné,
Je t'ai même promis un séjour au paradis
Enfin, j'ai mérité ta trahison.

Tu me déçois, tu me brises, tu me rongés,
Je ne veux plus te voir,
Ta présence me dérange
Parce que tu trouves, et d'humeur tu changes
Ignorant que le mensonge
Et l'amour est un faux mélange.

Quand tu me parlais, je te croyais
Quand tu me conseillais, je t'écoutais
Mon vrai amour, je te l'avais octroyé
Tu me montres enfin que le tien est coûteux.

Je ne voulais pas un jour dire adieu,
Je pensais une vie d'ensemble,
Une vie d'à deux.
Je ne peux que dire merci à Dieu,
Il trouve qu'ensemble, on n'a pas fait mieux.

Je veux pour toi un duo meilleur,
Je ne veux plus que tu tendes la main ailleurs
Je ne veux plus que tu te souviennes du passé:
C'est une histoire bien dépassée.

Je suis émerveillé
Par le fait que tu te retrouves,
Je suis témoin oculaire,
La vérité, tu me la prouves.
Ben, vas-y et surtout bon courage,
C'est à mon Dieu de te protéger
De tout outrage en ce long voyage.

SOMMAIRE

Printed by Books on Demand GmbH, Norderstedt / Germany